Discovery Education 探索·科学百科（中阶）

4级C3 巅峰诱惑

全国优秀出版社
全国百佳图书出版单位
广东教育出版社
学乐

中国少年儿童科学普及阅读文库

探索·科学百科 中阶

巅峰诱惑

4级C3

[澳]罗伯特·希恩⊙著

殷冠英(学乐·译言)⊙译

Discovery
EDUCATION

全国优秀出版社
全国百佳图书出版单位

广东教育出版社

广东省版权局著作权合同登记号
图字：19-2011-097号

本书原由 Weldon Owen Pty Ltd 以书名*DISCOVERY EDUCATION SERIES · Striving to the Summit*（ISBN 978-1-74252-210-4）出版，经由北京学乐图书有限公司取得中文简体字版权，授权广东教育出版社仅在中国内地出版发行。

图书在版编目（CIP）数据

Discovery Education探索·科学百科. 中阶. 4级. C3，巅峰诱惑/［澳］罗伯特·希恩著；殷冠英（学乐·译言）译. 一广州：广东教育出版社，2014.1

（中国少年儿童科学普及阅读文库）

ISBN 978-7-5406-9469-2

Ⅰ.①D… Ⅱ.①罗… ②殷… Ⅲ.①科学知识一科普读物 ②登山运动一少儿读物 Ⅳ.①Z228.1 ②G881-49

中国版本图书馆 CIP 数据核字（2012）第167662号

Discovery Education探索·科学百科（中阶）
4级C3 巅峰诱惑

著 ［澳］罗伯特·希恩　　　译 殷冠英（学乐·译言）

责任编辑 张宏宇 李 玲 丘雪莹　　**助理编辑** 李颖秋 于银丽　　**装帧设计** 李开福 袁 尹

出版 广东教育出版社
　　　　地址：广州市环市东路472号12-15楼　邮编：510075　网址：http://www.gjs.cn
经销 广东新华发行集团股份有限公司　　　　　**印刷** 北京顺诚彩色印刷有限公司
开本 170毫米×220毫米　16开　　　　　　　**印张** 2　　　**字数** 25.5千字
版次 2016年5月第1版　第2次印刷　　　　　**装别** 平装

ISBN 978-7-5406-9469-2　　**定价** 8.00元

内容及质量服务 广东教育出版社 北京综合出版中心
　　　　电话 010-68910906 68910806　　网址 http://www.scholarjoy.com

质量监督电话 010-68910906 020-87613102　　**购书咨询电话** 020-87621848 010-68910906

目录 | Contents

喜马拉雅山的形成

喜 马拉雅山脉位于中国与尼泊尔交界处，堪称"世界屋脊"。世界上共有 14 座海拔 8 000 米以上的高峰，有 10 座分布在喜马拉雅山脉。喜马拉雅山脉全长约 2 400 千米，绵延至巴基斯坦、尼泊尔和不丹等国境内。喜马拉雅山脉大约形成于 6 000 万年前，是世界上最年轻的山脉——这也是它海拔最高的原因。

居住在当地的人们，敬畏喜马拉雅山的群峰，尤其是最高峰珠穆朗玛峰。在他们心中，珠穆朗玛峰是女神的化身，那是一个圣洁而神秘的地方。对于世界各地的攀登者而言，喜马拉雅山系充满了魅力和诱惑，但也危险重重，挑战不断。

当大陆板块碰撞

地球上的各个构造板块一直在运动着。大约 7 000 万年以前，印度洋板块和亚欧板块剧烈碰撞，推动地壳上升。

漂移的印度

大约 1.45 亿年前，印度今天所在的板块与大陆分离，向北移动。

相碰

印度洋板块与亚欧板块
其边缘部分俯冲于亚欧板块
地表的熔岩浆形成了火山群

马卡鲁峰
海拔 8 463米

珠穆朗玛峰
海拔 8 844.43米

洛子峰
海拔 8 516米

岩石层

喜马拉雅山脉的最上层是海相石灰岩层，这是一种含有海洋生物骨骼残骸化石的沉积岩。这一层之下是变质岩。攀登者在最上层岩石里曾捡到过化石。

上升作用

大陆板块之间的海底沉积物受到挤压后，推动两大板块上升。

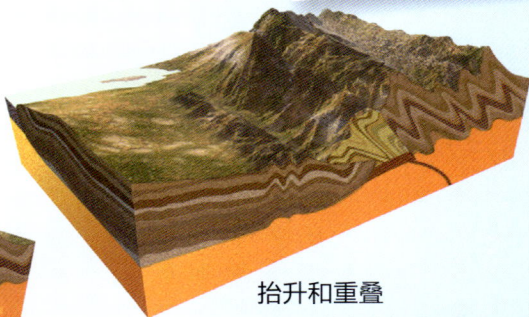

抬升和重叠

在地壳内部强大的压力和高温作用下，沉积岩转化为变质岩，并且开始猛烈抬升。

珠穆朗玛峰

珠穆朗玛在藏语里是"大地之母"的意思。为了纪念曾测过珠穆朗玛峰高度的英国占领尼泊尔时的军事工程师乔治·额菲尔士爵士，欧洲人会称它为额菲尔士峰。珠穆朗玛峰海拔 8 844.43 米，是世界第一高峰。它的南坡属于尼泊尔，北坡属于中国。珠峰地区长年积雪，云雾弥漫。

珠穆朗玛峰山顶的空气含氧量只有零海拔地区的三分之一，不适合人类活动。自从 1953 年人类首次成功登顶珠峰以来，数千人相继登上这个世界之巅，大约有 5% 的国际登山者，因珠峰环境恶劣而不幸遇难。

祈求攀登

在攀登这座令人敬畏的山峰之前，夏尔巴人向导以及脚夫们会举行一个礼拜仪式，向山神祈求准予登山和宿营，他们这么做是为了得到山神的宽恕。

雪崩

如果山坡非常陡峭，积雪会特别松散，极易发生雪崩——大量冰雪向下滑落。攀登过程中有时不得不穿过雪崩易发的山坡。

对于登山者而言，雪崩可能是致命的。

天气情况

天气情况至关重要。通常会有未来三天比较可靠的天气预报。

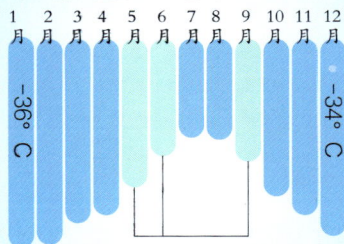

| 1月 | 2月 | 3月 | 4月 | 5月 | 6月 | 7月 | 8月 | 9月 | 10月 | 11月 | 12月 |

-36°C

-34°C

攀登珠穆朗玛峰的最佳时期是五月和六月初，或者季风过后的九月份。

攀登路线

珠穆朗玛峰的登顶路线共有 15 条之多，已被认可的是北坡山脊路线和南坳路线。北坡山脊路线从中国境内开始。1924 年，乔治·马洛里和安德鲁·艾尔文首次尝试从北坡山脊路线登顶，但后来却都死于恶劣天气。据所知，他们已经非常接近山顶，即使没有登顶成功，也是死在了冲顶的路上。首次从北坡成功登顶的是一支中国登山队，他们于 1960 年完成了这一壮举。

南坳路线从尼泊尔境内开始。1953 年，埃德蒙·希拉里爵士和丹增·诺盖，经南坳路线登上了珠峰。南坳路线是从大本营到达峰顶的最短、最受欢迎的路线，通常情况下危险较少。这条路线上的一大难关是孔布冰川的冰瀑区。孔布冰川活动频繁，意味着登山者必须不断地重新设计攀登路线。

先锋之路

1953 年，埃德蒙·希拉里首次从非常危险的洛子坡攀登，那是一段陡滑的冰面斜坡，有一处 12 米高、接近垂直的台阶，被后人称为"希拉里台阶"。现在攀登者们可以借助已经固定在线路上的绳索进行攀登。

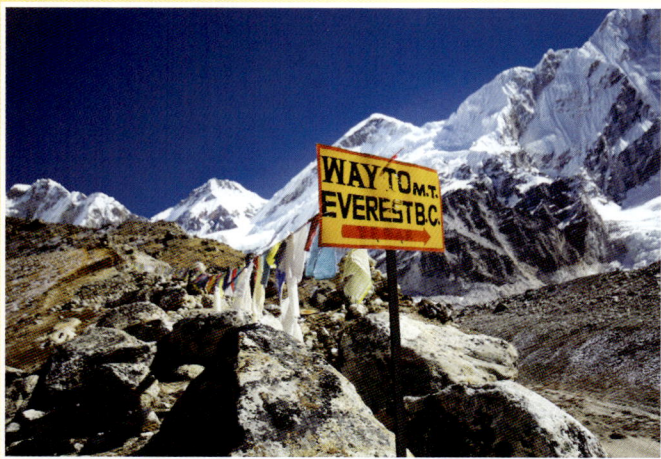

大本营

南坳路线上的路牌指向大本营（Base Camp，简称为 BC）。大本营位于孔布冰川脚下，每年有数以千计的游客造访这里。

图例

- 🔵 顶峰
- 🟡 南坡路线
- 🟠 北坡山脊路线
- ☠ 死亡区
- 🟠🔴 营地编号

洛子峰 海拔8 501米

洛子坡

努子峰

南坳

希拉里台阶

洛子坡

珠穆朗玛峰顶峰
海拔8 844.43米

西库姆冰斗

康松山壁

第二台阶

前进营地

东北山脊

西坡山脊

北坡山面

南坳路线

孔布冰川

北坡山脊

北坳

南坡大本营

章子峰

前进营地

东绒布冰川

北坡山脊路线

绒布冰川

北坡山脊路线

北坡山脊路线从中国西藏开始，是第二受欢迎的登顶路线。从北坡山脊路线攀登珠峰，真正的起点是在海拔 7 070 米的地方。沿着北侧山脊和东北山脊攀登，需要越过三个"台阶"——也就是最困难和危险的三段路。一旦通过它们，再攀登 15 米相对平缓的地段，就能到达顶峰了。

寺院

世界上海拔最高的寺院，位于西藏南部的绒布冰川脚下，现在居住的僧尼约有60多名。

陷于冰川中

爬过东绒布冰川就到达了北坳脚下的前进营地。这一段是碎石坡路，大部分碎石嵌在冰川之中。攀登过程不太舒服，但是相对安全。

冰川之上

章子峰与东北山脊之间的小山坳，也称鞍部，即是北坳，海拔约7 000米。在附近陡峭的冰壁上，攀登者使用固定好的路绳、冰镐和冰爪进行攀登。

北坳

北坳是北坡通向顶峰的重要通道。这一段路程开始部分是岩石，但很快就变成厚厚的积雪，并越来越陡峭。北坳营地位于狭长的山脊上，十分危险，并暴露在强劲的山风中。

北京奥运会

2008年5月，由19名汉族和藏族队员组成的登山队把北京奥运火炬成功传递到了珠穆朗玛峰。他们用了6个小时的时间完成了最后500米的攀登。登山队员在珠峰展开了中国国旗和奥运五环旗。

第二台阶

在东北山脊上有三个接近垂直的台阶。第二台阶位于海拔8 595米的地方，有一个高约8米的垂直岩壁。20世纪70年代，中国攀登者在这里架设了金属梯，现在大部分攀登者都借助金属梯通过第二台阶。

无畏的先驱

1924 年，一支英国登山探险队经北坡山脊路线攀登了三次珠峰。每次攀登，两名队员都从北坳附近的大本营出发。在第二次攀登中，爱德华·诺顿登上了 8 574 米的地方，创造了一项保持了 28 年之久的纪录。他和搭档霍华德·萨默维尔因体力不支而被迫下山。随后，队员乔治·马洛里和安德鲁·艾尔文开始继续第三次也是最著名的一次登顶尝试。他们带着氧气装备登上 8 170 米的露营地。但之后发生了什么一直是个谜。他们很可能是在"第二台阶"一带失踪了。没有证据能证明他们成功登顶，不过他们中的一个或两个人，都有可能登上了峰顶。

安德鲁·艾尔文

乔治·马洛里

大事记

1921年

一支英国登山队在寻找登顶路线时，从东绒布冰川攀登至北坳。

1922年

两支英国登山队越过了北坳。他们携带着氧气罐攀登到了 8 320 米的地方。

1924年

英国登山队的第三次探险，以马洛里和艾尔文的死亡而告终。

马洛里与阿尔卑斯山

在攀登喜马拉雅山之前，乔治·马洛里在法国攀登了阿尔卑斯山，期间获得了许多宝贵技术和经验。

美国搜索队
在马洛里失踪75年之后，7名登山队员终于找到了他的尸体。

雪镜
在马洛里的口袋里发现了这副雪镜，可以推测马洛里是在夜里遇难的。

氧气罐
那时的氧气设备很简单，没有多余的装置。这个氧气罐和绳子都是在尸体附近找到的。

马洛里的遗体和遗物
1999年，有报道说珠穆朗玛峰的高处发现了一具尸体，这具尸体已经在那里存在了很久。一支美国登山队搜寻了两天，找到了这具尸体，并确认就是马洛里。尸体脑部受伤，一条腿折断，腰部有多处擦伤。尸体穿着的衣服上有马洛里的姓名牌。

尸体
人们在8 156米处发现了马洛里的尸体。尸体上有伤，可能是坠落造成的。

靴子
被发现时保存得很好。为了在攀岩时抓地更牢，马洛里的靴子底部还配有钉子。

手表
马洛里的手表，配着皮表带，完好无损。

南坡大本营

在尼泊尔官方允许外国人入境攀登珠峰之后，1950年，一支英国登山队尝试了一条从尼泊尔境内攀登珠峰的路线。登山者们之前曾在更高处的北坡山脊上俯瞰过孔布冰川，推断那里会是最主要的障碍。不过英国人在冰川脚下的冰碛石上建立营地并取得了重大进展：他们通过了冰川，证明了经过孔布冰川到达顶峰的可行性。

因此，英国人的营地日渐受重视，规模也不断扩大，最终形成了现在的南坡大本营。现在这里成了到珠穆朗玛峰游览的游客的终点站，而对于那些雄心勃勃选择南坳路线登顶珠峰的攀登者，这里又是他们的起点。

出发地

南坡大本营并不是一个安的地方，但是会为你提供许多利，比如热水、充足的食物和给。登山者在适应高海拔之前很难得到真正的休息。

牦牛车

牦牛体型又大又壮，常被用来驮运补给。牦牛与美洲野牛有亲源关系，它的肺很大，血液里有更多的红细胞，这使得它们更适应在低氧的环境下生存。

冻伤

　　在高纬度和极度严寒地区，肢体末端（手指、脚趾、鼻子和耳朵）非常容易冻伤。极寒会使得流向这些肢体末端的血液减少，导致组织因缺血而死亡。通过治疗，可以修复受损组织并且预防感染。已经死亡的组织必须截去。

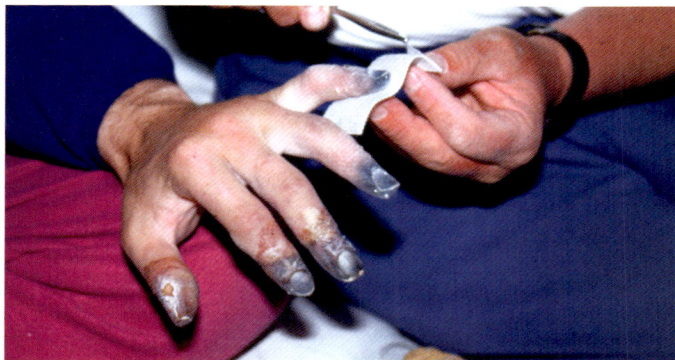

冻伤的治疗过程需要好几个月的时间

大本营，1953年

　　在这一年，一支搬运工队伍为南坡大本营和更高处的营地专门运送必须的补给。他们支持的团队规模庞大，组织完备，不过最终只有两个人成功登顶。

孔布冰川

希拉里、丹增和搬运工使用已固定的路绳和金属梯攀登了孔布冰川。搬运工必须越过冰川把补给运送到前进营地以及更高的地方。

挂在攀登绳上的主锁

前进营地

作为中转的 1 号营地建在孔布冰川之上。之后就是接近西库姆冰斗顶端的 2 号营地，也称为前进营地，此处海拔约为 6 400 米。攀登者们可以在这里为接下来将要面对的困难挑战提前做好准备。1953 年探险队领队约翰·亨特挑战攀登海市蜃楼般的洛子坡时——那是他所认为的最重要的探险，就把这里选做了大本营。这个连续的冰面斜坡，倾斜角度大概有 40°，某些地段会更陡峭一些。现在游客可让导游带领参观前进营地。

雪镜和一卷35毫米胶卷

埃德蒙·希拉里爵士的35毫米相机

希拉里的装备

　　1953年攀登者的装备比1924年攀登者的先进得多。绳子、主锁和冰镐是必备的。其他装备包括高山靴、冰爪、保护器、氧气罐以及面罩、雪镜和水壶。

西库姆冰斗

　　这个1号营地上方巨大而陡峭的峡谷，承载着缓慢移动的孔布冰川的上部，这条冰河危机四伏——攀登者必须避开或是借助雪桥跨过深深的冰隙，而这些雪桥的承受力通常也是个未知数。如果行进过程离边缘太近，就很容易陷入雪崩中。

冰镐、手套和攀登绳

准备登顶

1953年,英国登山队艰难地登上洛子坡,固定住绳索,在坡面上开凿出阶梯,并在冰坡顶端设置了3号营地。登山队员继续攀登至海拔8210米的南坳,并在那里设置了4号营地。在这个风口,队员们决定两个人一组,每次一组进行三次登顶尝试。

第一组携带着必备的补给开始冲顶,最终把这项补给运送至离顶峰最近的5号营地。希拉里和丹增是第二冲锋组。从那里开始他们就无法再得到其他三个队友的支援,也要和17个最好的、一直跟随他们到此地的夏尔巴脚夫说再见了。

英国双翼飞机

1933年,两架配备了增强型发动机的双翼飞机在天气良好的情况下飞越珠穆朗玛峰。然而,大山对入侵者的排斥和抗拒是显而易见的,极端恶劣的下降气流几乎要把飞机拉到嶙峋陡峭的山峰上坠毁。

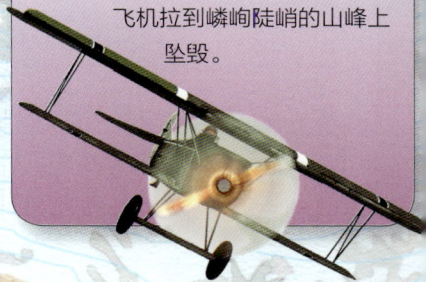

登山队

英国登山队由经验丰富的登山家和夏尔巴人向导组成。夏尔巴人拥有卓越的攀登技术和无与伦比的高海拔忍受力,他们所起的作用是巨大的。

希拉里的地图

激动人心的喜马拉雅山景观是让希拉里着迷的原因。体验了新西兰的崎岖山脉后，希拉里画下了这张地图，以了解这个奇妙的新世界。

由于地壳的持续运动，珠穆朗玛峰正缓慢地向东北方向移动，并且高度也在不断地增加。

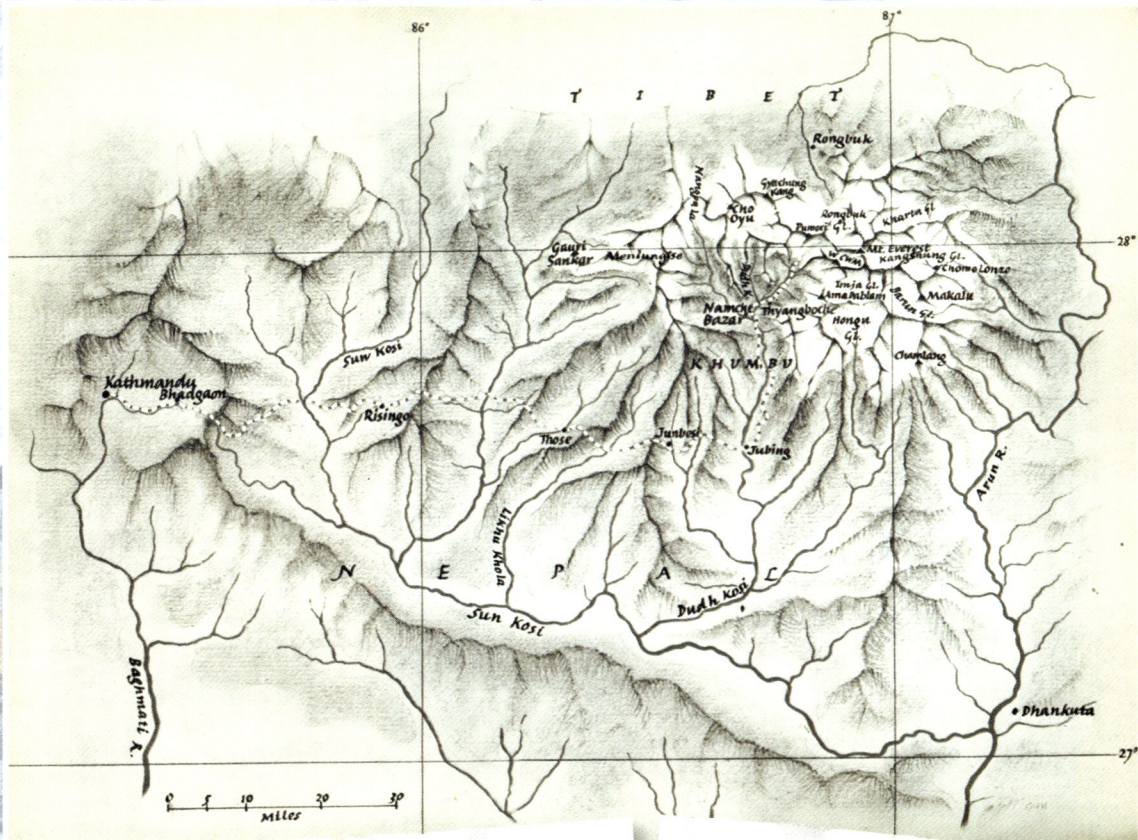

丹增和希拉里

丹增·诺盖（右图），夏尔巴人，也和其他人一样，登上了珠穆朗玛峰。他的坚韧不拔、丰富的登山经验以及处事的果断令人敬畏。埃德蒙·希拉里（最右边的图）拥有17年的登山经历，之前他已经两次攀登过喜马拉雅山。

在世界之巅

埃德蒙·希拉里和丹增·诺盖在清晨 6 点 30 分从 5 号营地出发。当时的天气状况良好。他们发现通向南坡峰顶的路线非常危险，直到雪层变得更加坚固之后路况才有好转。两个人互相保护着交替前进，来到一面巨大的扶壁前。希拉里发现岩壁上有一条缝隙刚好可以利用，就沿着裂缝一直爬到了顶部的平台处。

之后他们又费力地在冰面上开凿出更多的台阶，继续向上攀登。希拉里抬起头，看到了一个圆锥形的雪顶——那就是世界之巅。兴奋的登山家们为节省氧气摘下了面罩，此刻是 1953 年 5 月 29 日上午 11 点 30 分。他们在顶峰待了 15 分钟，两个人感受着成为"世界最高的人"的滋味。

希拉里台阶

"希拉里台阶"是一个高 12 米的扶壁，这是沿着南坡山脊登顶的最后一个障碍。它是希拉里和丹增冲刺顶峰前需要攻克的最后一道难关。

准备攀登

1953年5月28日，希拉里和丹增在他们最后一个也是海拔最高的营地里（海拔8 321米）检查装备。他们准备第二天一大早就出发，去征服世界最高峰。

> **"** 第一次……我真正意识到我正走在征服世界之巅的路上。**"**
>
> —— 丹增·诺盖

丹增站在世界之巅

丹增举起挂着尼泊尔、英国、印度和联合国旗的冰镐。团队合作、个人的勇气以及坚韧不拔的意志力，驱使这两个人站在了海拔8 844.43米的世界之巅。

首次无氧攀登珠峰

在 20 世纪 70 年代，两名欧洲登山家莱因霍尔德·梅斯纳尔和彼德·哈伯勒认为，登山者和高山之间不应该存在人为因素。他们决定不带氧气设备去尝试攀登珠穆朗玛峰。许多人说他们的计划有勇无谋，因为在那个年代，人们普遍认为如果没有氧气设备辅助呼吸，人类在高海拔地区只能基本维持静止状态，身体不能携带重物或者攀登。但是对于梅斯纳尔而言，不带氧气罐尽可能攀登到更高处，远比登顶更有意义。

为应对突发情况，梅斯纳尔和哈伯勒携带着氧气罐来到了南坳的 4 号营地。1978 年 5 月 8 日的清晨，他们开始出发，但是花了差不多整个上午才到达了下一个休整地点——5 号营地。继续攀行后，他们几乎每攀登 4 米就会陷入松软的雪堆里，呼吸开始变得异常困难。最终，大约在下午两点，他们完成了到达顶峰的终极目标。

冻伤

梅斯纳尔的大拇指被冻伤。性能优良的手套、袜子、面罩，在这种环境下对保护手指、脚趾、鼻子和耳朵是至关重要的，它们可以保持肢体末端血液循环的通畅，预防冻伤。

冰川上的人影

澳大利亚珠峰探险队的队员们在攀登孔布冰川时，看见了梅斯纳尔和哈伯勒小小的黑色身影，他们如此穿越巨大的移动着的冰川，所面临的挑战和危险令人感叹。

> " 飘浮在浓雾和高峰之上，我感觉自己只剩下一个狭窄的肺在拼命地呼吸。"

——莱因霍尔德·梅斯纳尔

稀薄的空气

海拔越高，空气变得越稀薄，氧气含量也越少。在珠穆朗玛峰的顶部，一个人的氧气吸入量不足零海拔地区的三分之一。

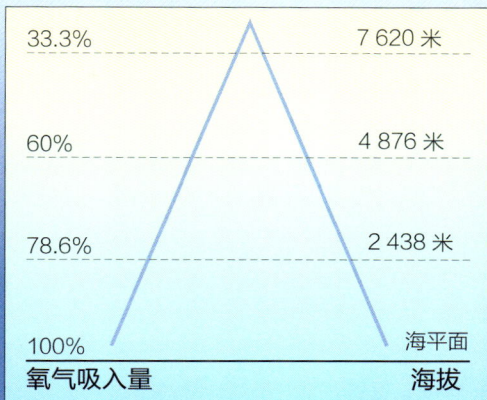

33.3%	7 620 米
60%	4 876 米
78.6%	2 438 米
100%	海平面

氧气吸入量　　　　　　　　　　海拔

梅斯纳尔攀登世界高峰的记录

年份	山峰	高度
1970	南迦帕尔巴特，巴基斯坦	8 125 米
1972	马纳斯鲁峰，尼泊尔	8 163 米
1975	加舒尔布鲁木，巴基斯坦/中国	8 068 米
1977	道拉吉里峰，尼泊尔	8 167 米
1978	珠穆朗玛峰，尼泊尔/中国	8 844.43 米
1979	乔戈里峰，巴基斯坦/中国	8 611 米
1980	*珠穆朗玛峰，尼泊尔/中国	8 844.43 米
1981	希夏邦马峰，中国	8 012 米
1982	干城章嘉峰，尼泊尔/印度	8 586 米
1982	加舒尔布鲁木峰II，巴基斯坦/中国	8 035 米
1982	布洛阿特峰，巴基斯坦/中国	8 047 米
1983	卓奥友峰，尼泊尔/中国	8 201 米
1985	安纳普尔纳峰，尼泊尔	8 091 米
1985	道拉吉里峰，尼泊尔	8 172 米
1986	马卡鲁峰，尼泊尔/中国	8 463 米
1986	洛子峰，尼泊尔/中国	8 516 米
全部是无氧攀登　　*独自攀登		

拥挤的峰顶

1970 年之前，只有六支探险队的 28 名队员成功登顶珠穆朗玛峰。但从那以后，数千人完成了登上世界之巅的梦想。据最新统计，阿帕·谢尔帕登顶 20 次，保持着登顶珠峰的次数最多纪录。另一个当地登山家彭巴·道瑞杰·谢尔帕，只用了 8 个多小时就从南坡大本营到达了顶峰。

珠穆朗玛峰上演着令人难以忘怀的一幕幕悲喜剧。然而，珠峰的悲喜剧总少不了夏尔巴人的身影，自珠峰被登顶之初，他们就一直陪伴在世界顶级的攀登者身边。

向导式攀登

旅游公司为爱冒险的攀登者们提供经验丰富的向导和搬运工。事先固定的路绳和梯子可以为他们提供帮助。攀登珠峰的人必须状况良好、身体健康并且适应高海拔环境。

垃圾

　　珠穆朗玛峰和其他受欢迎地区的垃圾清理是个大问题。因为所有带进山的东西必须被带出来。早期的登山队在使用完一些东西之后会直接丢弃它们。通常这些垃圾会在一段时间内被掩盖在雪下面，但是最终还是会露出表面。

清理垃圾

　　2001年的清理珠峰活动收集了大约1.76吨的垃圾。

珠峰大本营

　　数目众多的探险队驻扎在山脚下的珠峰大本营。

困境

　　适合攀登的季节相对短暂，所以当天气情况良好时，各个登山队的队员们会在同一时间登顶。虽然大家通常会选择不同的路线，但是攀登过程中还是会有撞车和延误的情况。

世界上的山峰

最 高的山峰基本都位于由于地壳运动或碰撞而抬升形成的山脉中。喜马拉雅山脉、安第斯山脉以及落基山脉都是最年轻也是最高的山脉，处于这些地区的一些山峰的构造运动至今尚未结束。但是即使这样，它们的山峰也正在被迅速侵蚀中。

一些山峰是锥形火山，它们出现在地壳的热点上，经常独自屹立在大地中。这类山峰中最著名的是位于坦桑尼亚的乞力马扎罗山，它是一座休眠火山。

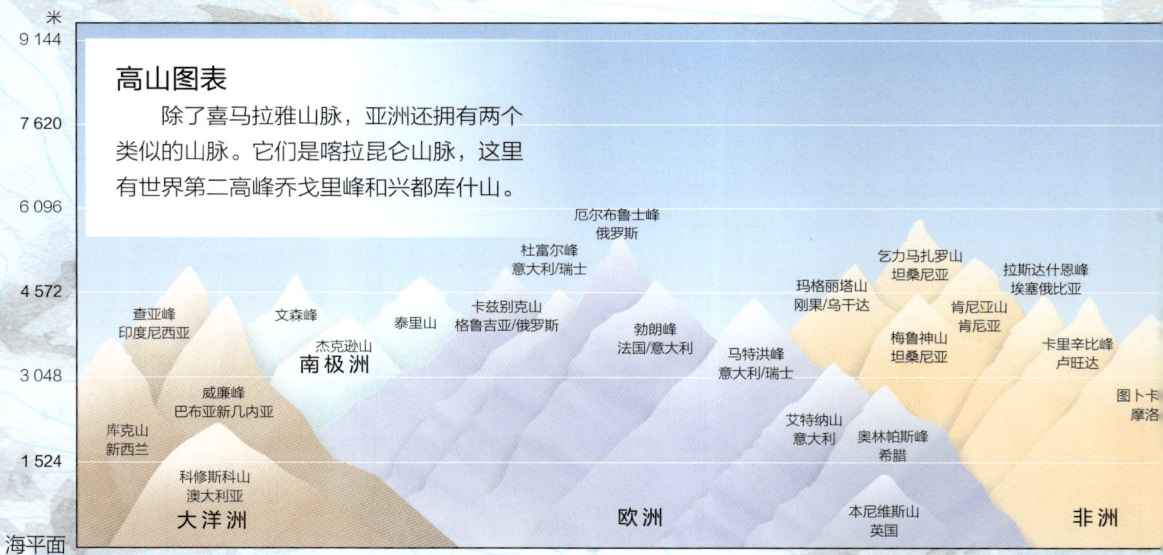

高山图表

除了喜马拉雅山脉，亚洲还拥有两个类似的山脉。它们是喀拉昆仑山脉，这里有世界第二高峰乔戈里峰和兴都库什山。

米

9 144

7 620

6 096

厄尔布鲁士峰
俄罗斯

4 572

杜富尔峰
意大利/瑞士

乞力马扎罗山
坦桑尼亚

拉斯达什恩峰
埃塞俄比亚

查亚峰
印度尼西亚

文森峰

卡兹别克山
格鲁吉亚/俄罗斯

泰里山

玛格丽塔山
刚果/乌干达

肯尼亚山
肯尼亚

杰克逊山

勃朗峰
法国/意大利

南极洲

3 048

威廉峰
巴布亚新几内亚

马特洪峰
意大利/瑞士

梅鲁神山
坦桑尼亚

卡里辛比峰
卢旺达

库克山
新西兰

艾特纳山
意大利

图卜卡
摩洛

1 524

科修斯科山
澳大利亚

奥林帕斯峰
希腊

大洋洲

本尼维斯山
英国

欧洲

非洲

海平面

库克山，位于新西兰。

马特洪峰，位于瑞士与意大利之间的边境。

麦金利山，美国

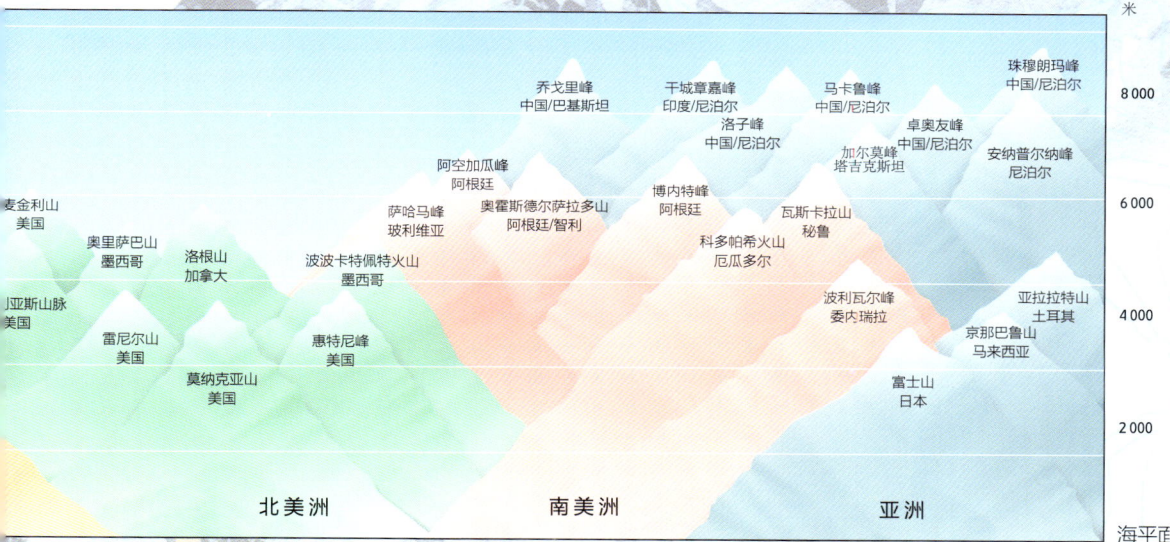

				米
			珠穆朗玛峰 中国/尼泊尔	8 000
	乔戈里峰 中国/巴基斯坦	干城章嘉峰 印度/尼泊尔	马卡鲁峰 中国/尼泊尔	
		洛子峰 中国/尼泊尔	卓奥友峰 中国/尼泊尔	
	阿空加瓜峰 阿根廷		加尔莫峰 塔吉克斯坦	安纳普尔纳峰 尼泊尔
	萨哈马峰 玻利维亚	奥霍斯德尔萨拉多山 阿根廷/智利	博内特峰 阿根廷	瓦斯卡拉山 秘鲁	6 000
麦金利山 美国	波波卡特佩特火山 墨西哥		科多帕希火山 厄瓜多尔	
奥里萨巴山 墨西哥				
洛根山 加拿大			波利瓦尔峰 委内瑞拉	亚拉拉特山 土耳其
阿巴拉契山脉 美国	雷尼尔山 美国	惠特尼峰 美国		京那巴鲁山 马来西亚	4 000
	莫纳克亚山 美国		富士山 日本	
				2 000
北美洲	**南美洲**	**亚洲**		
				海平面

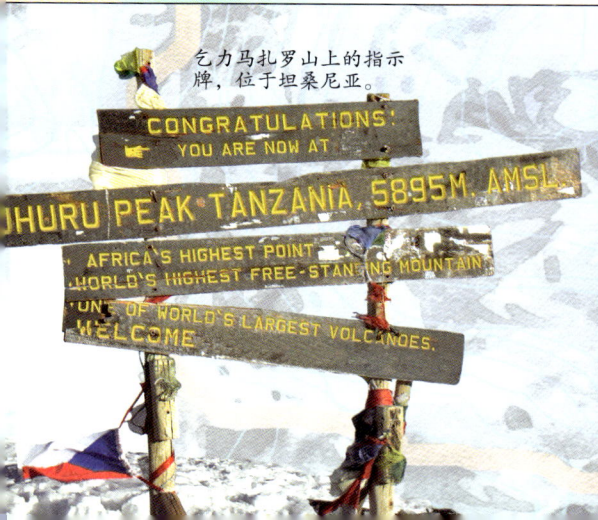

乞力马扎罗山上的指示牌，位于坦桑尼亚。

CONGRATULATIONS!
YOU ARE NOW AT
UHURU PEAK TANZANIA, 5895M. AMSL
AFRICA'S HIGHEST POINT
WORLD'S HIGHEST FREE-STANDING MOUNTAIN
ONE OF WORLD'S LARGEST VOLCANOES.
WELCOME

乞力马扎罗山，位于非洲。

知识拓展

保护器(belays)
一种固定在岩壁上的金属设备，通过摩擦力来调控连接着攀登者的绳索。

扶壁(buttress)
支撑上层物体的岩墙。

主锁(carabiners)
连接攀登者的绳子与岩壁挂片的金属锁具。

山坳(col)
也被称为鞍部，在两座山峰之间低洼的连接处。

冰爪(crampons)
固定在攀登靴鞋底的金属钉状物。

冰隙(crevasse)
冰川上的裂缝，登山者容易坠落其中。

地壳(crust)
地球表面的最外层。

石化(fossilized)
转变成化石，通常是仅有轮廓并压于岩石中的极其古老的动植物。

冰川(glacier)
缓慢移动并堆积密实的冰雪。

热点(hot spots)
地下熔浆流出地壳的洞口。

冰瀑(icefall)

　　冰川上活动非常剧烈的部分，类似于河流中的激流部分。冰瀑上堆积大量冰块。与移动缓慢的冰川相比，冰瀑有时候移动得非常迅速。

岩浆(magma)

　　地壳下熔化的岩石。

变质岩 (metamorphic rock)

　　沉积岩长期在压力和高温的作用下改造成的岩石。

冰碛石(moraine)

　　冰川移动而沉积下来的冻结在冰川中的岩块与碎石。

沉积岩 (sedimentary rock)

　　沉积物长期堆积沉淀形成的岩石。

构造板块 (tectonic plates)

　　拼合成地壳的相对较薄的巨大岩石块。

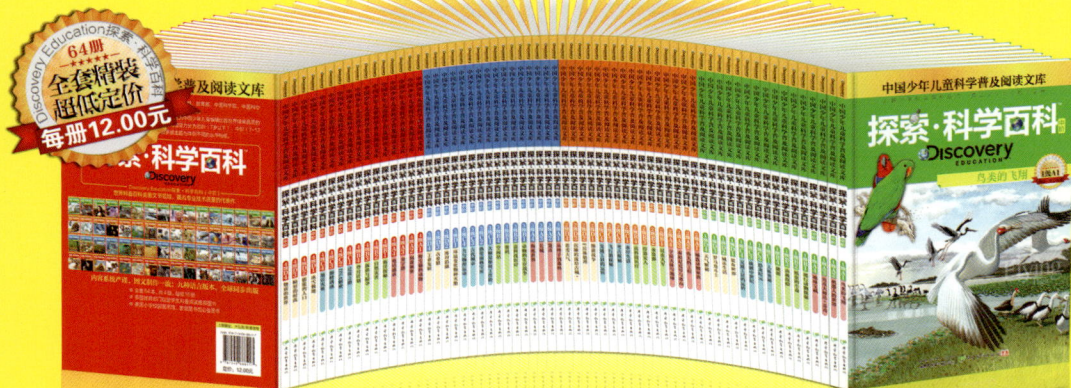

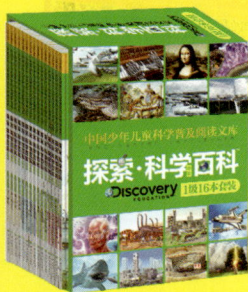